AF310346

RÉFUTATION

D'un des Articles d'une Brochure intitulée

La Lanterne Magique Havraise

Qui vient d'être publiée et mise en vente

PAR UN MONSIEUR QUI N'A PAS OSÉ SIGNER SON OEUVRE

« Mieux vaut un ennemi
qu'un ignorant ami. »

PRIX DE LA BROCHURE :

*50 centimes que l'Auteur prie les Lecteurs de vouloir bien
remettre au Bureau de Bienfaisance du Havre*

HAVRE

IMPRIMERIE J. BRENIER & Cᵉ, RUE BEAUVERGER, 2

1875

Réfutation

D'un des Articles d'une Brochure intitulée

LA LANTERNE MAGIQUE HAVRAISE

RÉFUTATION

D'un des Articles d'une Brochure intitulée

La Lanterne Magique Havraise

Qui vient d'être publiée et mise en vente

PAR UN MONSIEUR QUI N'A PAS OSÉ SIGNER SON OEUVRE

« Mieux vaut un ennemi
qu'un ignorant ami. »

PRIX DE LA BROCHURE :

50 centimes que l'Auteur prie les Lecteurs de vouloir bien remettre au Bureau de Bienfaisance du Havre

HAVRE

Imprimerie J. Brenier & Cᵉ, rue Beauverger, 2

—

1875

RÉFUTATION

D'un des Articles d'une Brochure intitulée :

LA LANTERNE MAGIQUE HAVRAISE

Qui vient d'être publiée et mise en vente

PAR UN MONSIEUR QUI N'A PAS OSÉ SIGNER SON ŒUVRE

Ce Monsieur, qui n'a pas osé se nommer, attaque dans cette brochure, *en les nommant en toutes lettres*, une série de personnes, pour la plupart des plus notables et des plus respectées de notre ville.

Quel peut avoir été son but ? Évidemment l'espoir qu'il produirait du scandale et que cela ferait vendre sa brochure et lui rapporterait quelque argent !

Sera-t-il réfuté par les plus dénigrés ? C'est peu probable : chacun sait ce que les agressions anonymes méritent et moi-même, dont le nom a l'honneur de figurer parmi ceux que l'auteur du pamphlet cherche à dénigrer, je me garderais de lui répondre si son attaque relative aux bateaux de sauvetage, que je suis parvenu à combiner, ne se produisait pas dans un moment où je me trouve précisément en mesure de prouver, *de la manière la plus irrécusable, que ses assertions sont aussi dénuées de valeur que je peux le désirer.*

Ce qui me commande aussi la réfutation que j'entreprends, c'est que l'agression, si je ne la repoussais pas, viendrait en aide aux concurrents qui ont réussi, jusqu'à un certain point, à m'empêcher de profiter des résultats que mes bateaux donnent et que je n'ai obtenus qu'après des études et des expériences qui m'ont absorbé bien du temps et occasionné d'importantes dépenses.

Quant au moment où l'attaque s'est produite, il ne s'est écoulé que peu de mois depuis que la Chambre de Commerce de notre ville a pris livraison d'un bateau de sauvetage de mon système dont elle avait commandé la construction.

Elle avait déjà et elle a encore un bateau du même système et des plus grandes dimensions jusqu'alors exécutées, bateau qu'elle avait fait construire il y a seize années, qu'elle a maintenu au poste de service de ses bateaux de sauvetage, situé à l'éntrée de notre port, et qui a été l'instrument de sauvetages si nombreux qu'on ne les compte plus et dont un bon nombre a été rapporté dans les journaux.

Et si un juge aussi haut placé et aussi compétent que la Chambre de Commerce du Havre a donné la préférence aux bateaux de mon système, ce n'est pas en aveugle qu'elle l'a fait ; il est superflu de l'indiquer.

Le moment choisi par l'agresseur l'a donc été si mal pour lui et est si opportun pour moi, que j'aurais dû craindre, si l'attaque eût été isolée, d'être accusé de l'avoir provoquée ; mais le nombre des personnes que le Basile a cherché à dénigrer me met à l'abri de toute insinuation de la nature de celle à laquelle je viens de faire allusion.

Il m'a donc rendu un vrai service le Monsieur à qui je suis redevable de l'occasion de faire connaître au public et de rappeler à mes concitoyens des faits et des détails que je ne me serais pas permis de publier sans son attaque.

D'ailleurs, ces faits et ces détails, d'une authenticité incontestable. prouvent jusqu'à quel point l'agresseur anonyme pousse une outrecuidance qu'égale seule son ignorance des bases les plus élémentaires des lois physiques sur lesquelles il ose se poser en juge et en appréciateur infaillible, et cela devra tendre à venger un peu les hommes honorables à côté desquels il m'a fait l'honneur de me placer.

Quelque concluante que soit la préférence que notre Chambre de Commerce a accordée aux bateaux de mon système, tous ceux qui voudront bien lire le détail suivant des renseignements dont elle s'est entourée avant de prendre sa décision sur le choix du dernier bateau de sauvetage qu'elle a fait construire, reconnaîtront combien il est important pour moi de les publier.

L'ancienne Chambre de Commerce du Havre avait déjà tenu en service, pendant bien des années deux bateaux de mon système dont le second (1) fut exécuté il y a seize ans sur sa commande ; mais elle avait fait construire depuis deux bateaux du système que la Société centrale de Sauvetage des Naufragés a adopté.

La Chambre avait été entraînée par l'exemple de cette Société et par l'influence du constructeur de ces bateaux auxquels la Société centrale persiste, pour des motifs qu'il m'est interdit de faire connaître, à donner une préférence exclusive. Et pourtant les désastres survenus par l'emploi de ces bateaux sont déplorables et assez nombreux pour que je mette ici, ainsi que je l'ai déjà fait dans une brochure antérieure, cette Société au défi de publier la liste exacte des victimes trop nombreuses qui ont péri en montant ses bateaux, tandis que les miens, dont la mise en service remonte à plus de trente années et qui ont été les instruments de tant de sauvetages, ont eu la chance de n'avoir pas occasionné la mort d'un seul homme.

Mais celui des deux bateaux du système adopté par la Société centrale, qui avait été mis en service par notre Chambre au poste de ses bateaux de sauvetage, en avait été retiré depuis assez longtemps déjà ; car les pilotes et les lamaneurs de notre port et notamment le célèbre et regretté Durécu, ainsi que MM. les frères Langlois, patrons, auxquels notre Chambre confie le commandement de ses bateaux de sauvetage, avaient déclaré qu'ils ne monteraient plus ce bateau, vu la manière dont il se comportait dans la grosse mer. Eh bien, ce bateau, quoique sa construction ne remontât pas à bien des années et qu'il eut très peu servi, était devenu irréparable par la seule action de la mer et de quelques frottements contre d'autres bateaux.

Le second bateau semblable est relégué près de la Hève, sous un hangar, d'où il n'est jamais sorti.

Ce fut à l'occasion du remplacement qu'elle avait décidé du bateau devenu irréparable, que notre Chambre de Commerce, voulant s'affranchir de de toutes les influences intéressées à faire prévaloir un des systèmes très nombreux de bateaux de sauvetage, institua une commission, dont les membres qu'elle choisit et désigna, furent le Pilote major, six Pilotes et six Lamaneurs du Havre, parmi lesquels figuraient le patron et le sous-patron de ses bateaux. Et ces marins ainsi choisis et qui furent interrogés chacun séparément, furent unanimes à déclarer qu'on peut encore, avec les bateaux de mon système, tenir la mer et refouler la violence du vent et des vagues, quand il n'est plus possible de le faire avec les bateaux auxquels la Société

---

(1) Le premier, dont la mise en service remonte à plus de trente années, avait été écrasé entre le quai devant lequel il était amaré à son poste et un grand chaland de 400 tonneaux qui était venu l'aborder.

centrale de Sauvetage des Naufragés donne une préférence exclusive, qui les impose à la plupart de nos ports.

Plusieurs journaux maritimes ont cependant publié des protestations très énergiques contre ces bateaux qu'on peut dire imposés, puisqu'ils sont les seuls qu'on veuille bien accorder aux ports qui en manquent.

Pour chercher à justifier la Société centrale de sa persistance à choisir les bateaux de sauvetage, dont les défectuosités ont été si bien constatées par l'emploi que la Chambre de Commerce du Havre a tenté d'en faire, on a été jusqu'à prétendre que la préférence donnée à ceux de mon système est due à une influence que j'exercerais, *à mes dépens*, sur les marins de notre port ; mais cette ridicule imputation est tout à fait insoutenable, alors que ceux qui ont été dernièrement appelés à déterminer le bateau à préférer sont ceux-là même qui, à chaque instant, sont appelés à confier leurs vies à ce bateau. D'ailleurs, ce ne fut qu'au moment où M. le Président de la section des sauvetages de notre Chambre voulut bien m'annoncer que la construction d'un nouveau bateau de sauvetage de mon système était décidée et me charger d'en dresser le devis et les plans, que je connus l'*existence de la commission qui avait été instituée* et les résultats de l'enquête que notre Chambre de Commerce avait faite.

La seule modification qui me fut demandée fut une petite augmentation des dimensions des plus grands bateaux de mon système précédemment construits (1).

Je n'ai, dans tout ce qui précède, rien dit encore *du bateau de sauvetage du père Mouë qui valait mieux que les miens*, expressions textuelles de la *Lanterne*.

La cause de ce silence est qu'il faut, pour avoir osé imprimer *et publier* AU HAVRE ce que je viens de reproduire, posséder une dose d'impudence poussée à ses limites extrêmes. Car il n'est pas AU HAVRE une personne qui s'occupe un peu des questions maritimes qui ne sache que ce bateau n'a pas pu être employé une seule fois, non pas pour faire, mais pour essayer de faire un sauvetage.

Il est vrai qu'un ex-journaliste de notre ville, il y est considéré comme

---

(1) L'augmentation demandée fut d'un dixième sur les mesures linéaires.
Les plus grands antérieurement faits avaient de longueur 10 mètres, de largeur maxima, 2 mètres, de profondeur à la demi-longueur, 1 mètre.
$$10 \times 2 \times 1 = \text{m}^3\ 20.$$
Le desmer a $11 \times 2, 2 \times 1, 1 = \text{m}^3\ 26.62$, soit une augmentation de un tiers sur la capacité.

l'auteur de·la *Lanterne*, avait, il y a deux ou trois ans, publié un article dans lequel il feignait de redevenir, suivant ses expressions, *toqué de ce bateau*. J'ai dit *feignait*, ce qui indique la mauvaise foi ; mais si j'ai employé ce mot, c'est que l'auteur n'avait qu'un but, celui de chercher à exercer une vengeance.

Quand il le publia, je venais de l'avertir du mauvais effet produit par un article politique de son journal, dont ses lecteurs avaient été indignés ; avertissement qu'il n'a pas pu me pardonner quoiqu'il eût été donné dans des termes tels que la violence de sa rancune est inexplicable.

D'ailleurs, la justication du mot *feint*, la voici pleine et entière :

Bien des années avant les dates des publications dont je viens de faire mention, ce rédacteur avait déjà quitté le Havre où il revint, et dès qu'il y arriva, je reçus sa visite, à ma grande surprise.

A cette visite, il donna comme motif *qu'il venait s'excuser des erreurs auxquelles il s'était laissé entrainer dans ses appréciations sur la valeur comparative du bateau Moüe et des miens !*

Mais ce ne fut pas tout : il m'annonça qu'une dame, qui avait partagé ses erreurs, l'avait chargé de me présenter chez elle parce qu'elle désirait aussi m'exprimer ses regrets.

Je déclinai l'offre qui m'était faite ; mais elle fut réitérée et avec une insistance à laquelle je ne pouvais plus résister sans inconvenance ; je réclamai seulement cette condition : qu'aucune allusion au passé ne serait faite, ce qui eut lieu. Cette présentation me valut ensuite plusieurs entretiens qui m'ont fait vivement regretter l'obligation dans laquelle je me suis trouvé plus tard de ne plus en chercher le renouvellement.

Leur souvenir me fait croire que les trois dernières lignes du premier paragraphe du folio 58 de la *Lanterne* s'appliqueraient très bien au Bazile qui l'a publiée (1).

Revenons à l'article qui me concerne ; on y lit ceci :

« M. Lahure père a passé une partie de sa vie à empêcher le bateau de sauvetage du père Moüe, qui valait mieux que le sien, d'arriver.»

Lorsque ce bateau parut, la Chambre de Commerce venait de me commander celui qu'elle a tenu en service depuis seize années, et j'avais acheté

---

(1) Cet article de la *Lanterne*, le voici ; je dois le reproduire, si je ne le faisais pas, je m'exposerais à provoquer l'achat de quelques exemplaires du pamphlet, ce que je me reprocherais :

      « Messieurs N.,

» ils sont trois : l'un républicain (A.); l'autre, réactionnaire (B.); le troisième
» n'est rien du tout, ou plutôt, il est le mieux loti des trois, il est le mari de
» Mme N. de M.»

les tôles pour le construire, quand un des Membres de cette Chambre me demanda d'annuler le marché qui avait été passé pour cette construction.

Il croyait aux assertions des prôneurs du bateau Mouë. Ce Membre que je peux nommer et dont j'invoque même le témoignage, c'était M. Dufour aîné, alors Président de la Commission des Sauvetages de notre Chambre de Commerce. Je lui répondis que les tôles minces, étant en ce moment très recherchées, j'étais presque certain de trouver à placer, au prix qu'elles me coûtaient, les tôles que j'avais achetées et que, dès que je l'aurais fait, je consentirais à l'annulation qu'il me demandait.

Je ne le quittai en effet que pour aller trouver M. Perrin, aujourd'hui encore chef et propriétaire d'une des grandes usines de chaudronnerie et de fabrication de machines à vapeur de notre ville, qui consentit à prendre mes tôles au prix courant, et une heure ne s'était pas écoulée que j'avais porté à M. Dufour mon acquiescement *gratuit* à sa demande d'annulation.

Et on a osé imprimer que j'ai passé une partie de ma vie à empêcher M. Mouë d'arriver !

Si plus tard le marché fut remis en vigueur, c'est que plus de six mois après sa résiliation, qui n'avait été que verbale, une lettre de M. J. Clerc, alors Président de la Chambre de Commerce du Havre, vint me reprocher, en termes assez vifs, de n'avoir tenu aucun compte de ce marché. Ma justification fut immédiate et des explications qui eurent lieu entre les deux Membres de la Chambre que j'ai nommés et moi, le résultat fut la remise en pleine valeur du marché que j'avais cru résilié.

Le troisième alinéa du même article énonce d'abord deux vérités, car M. Mouë est décédé et je vis encore, ce qui pourrait bien contrarier le Basile. Il ajoute que si je vis, *c'est pour ne pas arriver davantage* que M. Mouë.

Si *arriver* signifiait parvenir à réaliser des bénéfices, ce troisième alinéa différerait entièrement de tout le reste de l'article, car il ne contiendrait que vérités; mais si le mot *arriver* signifie, comme je le crois, réussir, la fin de ce troisième alinéa pourrait bien n'être pas plus conforme à la vérité que tout le reste de l'article dont il fait partie. Qu'on en juge !

Le dernier bateau de mon système, celui qui vient d'être livré à la Chambre de Commerce du Havre, est le dixième que j'ai construit, et, de ces dix bateaux, un seul a été inférieur aux autres : Cédant aux exigences d'un ingénieur de la marine de l'Etat, M. Legrand, qui était venu au

Havre pour y présider une commission dont j'aurai à parler plus loin'
j'eus le tort de consentir, *afin d'obtenir la commande de ce bateau*, à introduire dans sa construction des modifications qui en augmentèrent beaucoup le poids et lui enlevèrent une partie de ses qualités.

C'est à Cherbourg que ce bateau fut mis en service et je n'ai pas suivi
les sauvetages dont il a pu être l'instrument ; mais je me suis bien assuré
qu'il n'a, pas plus que les neuf autres du même système, occasionné une
seule catastrophe.

Le quatrième et dernier alinéa commence par m'accuser d'avoir com-
battu M. Mouë au lieu de m'être associé avec lui et finit par annoncer que
ce concurrent n'est pas toujours *arrivé* à manger du pain.

Le talent de l'agresseur pour arranger des mots s'y révèle quoiqu'il y ait
peut-être abusé un peu de l'emploi du mot *arriver*, car il est difficile d'en-
tasser dans quatre lignes autant de perfides méchancetés.

Pour les repousser je commence par relever celle qui tend à apitoyer le
lecteur sur le sort du pauvre M. Mouë afin d'insinuer ensuite que j'ai été
le provocateur de ses malheurs.

Déjà ce que j'ai raconté prouve qu'au lieu d'avoir cherché à l'empêcher
d'arriver, je m'étais empressé de lui faire place. Ici toutefois je ne ren-
drais pas hommage à la vérité, si je n'ajoutais que la cause de cet
empressement était ma connaissance des défectuosités de son bateau.

Quant à ceci, que M. Mouë ait manqué de pain, c'est un résultat qui
ne se produit ordinairement qu'alors que l'argent manque ; mais tel n'était
pas le cas pour M. Mouë, car il en a gaspillé et beaucoup d'une manière déplorable, ainsi qu'on va le voir. D'abord, et qu'on veuille bien le noter, je me
garde de considérer comme argent gaspillé celui qu'il avait consacré à la
construction de son premier bateau. Il en a fait deux, mais celui qu'il
construisit plus tard lui fut largement payé par la Chambre de Commerce
et dans des conditions que je devrai raconter.

L'argent gaspillé c'est celui qu'il a employé pour me traîner quatre fois,
en m'accusant d'être son contrefacteur, sur les bancs de la Police correc-
tionnelle : deux fois au Havre en première instance, et deux fois à Rouen
en Cour d'Appel ; et si j'évalue ce qu'ont dû coûter à M. Mouë et à ceux qui
lui fournissaient de l'argent, ces procès qu'il a perdus tous les quatre, d'après
ce qu'ils m'ont coûté à moi qui les ai gagnés tous, on aurait pu, avec l'argent ainsi gaspillé, acheter bien du pain.

Mais l'issue finale de tous ces procès, issue judiciaire et parfaitement authentique, fournit un nouvel exemple de l'insigne fausseté des accusations du Bazile de la *Lanterne*.

Cette issue dernière constate que, sauf une seule combinaison dont je n'avais pas fait usage (plus loin j'expliquerai pourquoi je me serais bien gardé de le faire), *toutes celles pour lesquelles le sieur Mouë s'était fait breveter étaient dans le domaine public* ET Y AVAIENT ÉTÉ JETÉES PAR MOI *plus de dix années avant la date de son premier brevet* (1) et les experts qui avaient été choisis par le Tribunal du Havre, et dont le procès-verbal constate ces vérités qui servirent de base aux derniers jugements de première nstance et d'appel, n'étaient rien moins que l'Ingénieur de la marine de l'Etat, M. Guesnet, celui des Forges et Ateliers de l'Océan, M. Cody, et M. Lefoulon, un des premiers constructeur de navires de Honfleur.

Quant au second bateau Mouë, il lui avait été acheté par la Chambre du Havre et payé une dizaine de mille francs ; mais ce succès fut bien éphémère, car, après une série d'essais, ce bateau fut reconnu impropre à tenir la mer dans les mauvais temps ; toutefois, son auteur étant parvenu à faire partager aux Membres de la Chambre de Commerce, qui, à cette époque, composaient sa Commission des Sauvetages, l'espoir qu'en modifiant certaines parties de son bateau il parviendrait à en faire disparaître les défectuosités, il fut autorisé à y opérer les changements par lesquels il espérait obtenir ce résultat.

Malheureusement, toutes les modifications auxquelles on eut recours et qui coûtèrent à notre Chambre à peu près autant que l'achat primitif, ne produisirent point d'amélioration sensible : car le bateau fut définitivement retiré du service, et quelques années plus tard, la Chambre de Commerce en ordonna la démolition, qui fut éxécutée.

Tout cela l'auteur de la *Lanterne* le sait bien ; mais énoncer le contraire de la vérité est sa marotte, et elle l'a entraîné si invariablement dans l'article qui me concerne, que la fausseté de ses insinuations je suis en mesure de la démontrer aussi complétement que celle de ses accusations directes.

---

(1) En 1844, quand je construisis le premier bateau de mon système dont les journaux de cette époque exaltèrent la valeur, je n'avais pris aucun brevet d'invention. Si plus tard, vers la fin de 1845, j'en levai un dont la date tardive rendait la valeur très contestable, ce fut pour obtenir la commande, par le Ministre de la Marine de cet époque, l'Amiral de Mackau, de deux bateaux semblables au premier, commande qui me fut offerte à la condition que je me ferais breveter. Elle fut exécutée dans les ateliers de M. Nillus ; mais bientôt et dès la fin de la première année, je crois, je cessai de payer les annuités de ce brevet, abandonnant ainsi toutes mes combinaisons au domaine public.

Dans son dernier alinéa, il a trouvé le moyen d'attribuer au désir de me faire décorer le but que j'ai poursuivi en combinant mon système de bateaux de sauvetage et en construisant le premier, dont la moitié à peu près du coût resta à ma charge. Eh bien ! un hasard me permet d'opposer un démenti officiel, même à cette insinuation, par laquelle il espérait me priver de la seule récompense qu'on n'est pas encore parvenu à m'enlever, la reconnaissance de ceux à qui mes bateaux ont permis de prouver leur courage, en sauvant leurs semblables et d'en être récompensés.

Voici le démenti que je peux opposer à l'insinuation de la *Lanterne*, relative au but des études et des travaux que je me suis imposés pour parvenir à combiner mon système de bateaux de sauvetage.

Lorsqu'il était Président de la République, qu'avaient enfantée les Révolutionnaires de 1848, vint au Havre l'homme qui a terminé sa carrière politique d'une manière si déplorable pour lui et presqu'aussi déplorable pour la pauvre France. A cette époque, notre Maire était M. Louis Bertin, et notre Sous-Préfet, M. de Vincens.

Sur la proposition de M. Bertin, j'avais été choisi pour être décoré par le Président attendu, et je peux me permettre de relater cette particularité, car elle s'est trouvée, par un concours exceptionnel de circonstances, constatée d'une manière officielle.

J'étais alors le Capitaine de la Compagnie des Sapeurs-Pompiers du Havre, et, quelque temps auparavant, j'avais été en instance pour obtenir des médailles pour deux Membres de ma Compagnie qui les avaient bien méritées. M. Bertin avait appuyé ma demande et partagé mon mécontentement de son insuccès, et cela lui ayant fait prévoir les objections que je pourrais opposer à l'acceptation d'une récompense personnelle, il s'était entendu avec M. le Sous-Préfet et les autres autorités pour que je ne fusse pas prévenu de l'honneur dont j'allais leur être redevable.

Mais un des officiers supérieurs de la garde nationale, à qui j'avais eu à reprocher un fait survenu en juin 1848, dans Paris, alors qu'avec deux de mes fils j'y faisais le coup de feu contre les démagogues, avait été vivement contrarié du choix dont j'étais l'objet, et comme il connaissait l'insuccès de mes demandes de médailles, loin de tenir compte des recommandations de M. Bertin, il me manda au bureau de l'état major, et là, sous le prétexte de me réclamer les pièces nécessaires, il m'annonça que j'allais être nommé Chevalier de la Légion-d'Honneur.

Le même jour, j'allai remercier notre Maire et lui adresser la prière de me dire si un renouvellement de la demande des médailles pourrait se faire avec quelques chances de succès, parce que, sans cela, je ne croyais pas devoir accepter l'honneur dont j'aurais été très heureux de lui être redevable. Sa réponse m'apprit que tout espoir de réussite pour les médailles était impossible, puis, après avoir qualifié en termes très vifs l'avis qui m'avait été donné et m'avoir désigné la personne que l'officier supérieur eût voulu faire décorer, il me dit : « Le brevet qui vous nomme est rédigé, il est à la Sous-Préfecture avec toutes les pièces requises dont la demande n'a été qu'un prétexte ; il est donc trop tard pour que je puisse accéder à votre réclamation.» Il ajouta : « Je me suis porté fort pour vous contre tout refus qui occasionnerait un scandale, et je suis bien certain, mon cher Lahure, que vous ne me dédirez pas.»

Je n'ai pas à citer la réponse que je lui fis; mais je lui expliquai ensuite combien je devais tenir à ne rien faire qui put tendre à amoindrir l'affection que j'avais réussi à obtenir de la grande majorité de ceux qui m'avaient nommé leur chef, et qui n'avaient pas oublié que, pour le devenir, j'avais consenti à cesser de faire partie des officiers supérieurs de la garde nationale. J'ajoutai : « Je suis persuadé, M. le Maire, qu'en acceptant pour moi même une décoration, tandis que je n'ai pas obtenu celles méritées dans les rangs de la compagnie que je commande, cela pourra être exploité avec succès par certains opposants très peu nombreux, mais très violents, que j'y connais. »

Je lui demandai alors s'il m'interdisait une demarche près du Sous-Préfet. « Je ne peux pas le faire » me répondit-il, et il ajouta : « Celui qui vous a rendu le mauvais service de vous prévenir n'atteindra pas complétement son but. » En effet, la personne proposée par l'officier supérieur ne fut pas nommée.

Je me rendis donc près de M. de Vincens. Lui aussi me répondit d'abord qu'il était trop tard; mais après avoir entendu les motifs, que je viens d'indiquer, de la demande que je lui adressais, il reconnut que, vu la gravité de la situation et le rôle important que ma compagnié, tête de colonne du 1er bataillon de la garde nationale, avait dans plusieurs prises d'armes récentes été appelée à accomplir, mes scrupules devaient être admis, et le brevet préparé fut annulé.

Voilà les faits; toute réflexion ne tendrait qu'à en atténuer les conséquences. J'ajouterai seulement qu'ils sont connus de l'auteur supposé de la *Lanterne*, et qu'à l'époque où ils se passèrent, le nombre de ceux qui portaient la décoration sans autre titre pour l'avoir obtenue, que leur demande appuyée par quelque notabilité, n'était pas à beaucoup près ce qu'il est devenu depuis.

.J'espère avoir réduit à leur valeur réelle toutes les perfidies que l'auteur de la *Lanterne Magique havraise* a accumulées dans l'article dont j'ai entrepris la réfutation, perfidies dont l'arrangement est loin d'être dépourvu d'habileté.

Mais pour compléter la tâche que je me suis imposée, je dois mettre en évidence l'ignorance complète de l'habile arrangeur de mots, en ce qui concerne les lois les plus élémentaires des équilibres hydrostatiques, bases des combinaisons dont il ose se faire appréciateur et juge infaillible.

Pour atteindre ce résultat, il faut que je rende ces lois élémentaires facilement intelligibles pour tous ceux qui voudront bien lire les explications qui me restent à présenter.

Personne n'ignore qu'un corps quelconque moins dense que l'eau, tel qu'un morceau de bois de sapin ou une bûche de bois à brûler, des essences qu'on désigne bois blancs, flotte immobile dans certaines positions quand il est abandonné à sa propre impulsion sur de l'eau sans courant ni agitation. Il est facile d'apprécier qu'il résulte de cette propriété qu'alors qu'on attache à ce corps une charge consistant en une matière dense, telle qu'un morceau de fer ou de plomb, ce corps flottant est amené à prendre spontanément la position dans laquelle sa partie chargée se trouve le plus abaissée, pourvu que la charge, sans être assez lourde pour empêcher le corps de flotter, le soit assez pour empêcher qu'il puisse flotter dans aucune autre des positions dans lesquelles ses formes tendraient à le maintenir.

Déjà on comprendra que tout bateau rendu insubmersible, soit par les matériaux employés dans sa construction, soit par l'addition de flotteurs étanches et remplis d'air atmosphérique ou de tout autre gaz léger, doit revenir spontanément, la quille en bas, dès qu'on l'abandonne flottant à sa propre impulsion, si sa quille est lestée soit par du fer, soit par du plomb, d'une pesanteur suffisante, et on comprendra en même temps que se faire breveter pour l'obtention d'un pareil résultat est une erreur complète (1). Mais l'erreur de M. Mouë, que je dois expliquer et dans laquelle il fut entraîné et maintenu par l'ignorance de ses conseillers, repose sur une appréciation qui exige la continuation de l'examen des conditions résultant, pour tous les corps flottants, de l'application d'un lest qui leur impose le retour

(1) Quelque complète que soit la nullité d'une prétendue invention ou le nombre des brevets antérieurement délivrés pour la même combinaison, l'Administration en délivre toujours un s. g. d. g. à chacun de ceux qui le demandent et payent le coût du brevet ou de la première annuité: c'est aux brevetés seuls qu'est laissée l'appréciation de la réalité ou de la nullité de la valeur de leurs brevets.

spontané à une position unique quand ils sont abandonnés à leur propre impulsion sur un fluide.

Quand une force étrangère place un de ces corps dans la position où son lest se trouve au point le plus élevé, ce corps tend à faire un demi tour, et il l'exécute, en s'inclinant soit d'un côté, soit de l'autre, suivant la position que le lest occupe. Or, au moment où l'impulsion spontanée cesse d'entraîner le corps d'un côté et va commencer à l'entraîner vers l'autre, il faut absolument que ce corps rencontre un équilibre, mais cet équilibre n'est que théorique ; le maintien dans cette position où l'équilibre se rencontre est impossible si aucune force étrangère ne provoque ce maintien. On désigne cet équilibre par le mot *instable*.

Une lame de couteau bien droite placée, le fil sur un plateau assez dur pour que le taillant ne puisse s'y introduire, donne un exemple des équilibres instables. Quelque soin que l'on apporte à placer cette lame au point où elle cesse de tendre à tomber d'un côté, on ne parvient jamais à obtenir que, dans la position où on l'a placée, elle reste immobile même pendant un espace de temps très court mais commensurable.

Après cette dernière explication, on va apprécier que le seul des brevets de **M. Mouë**, qui fut valable et dont je me suis toujours bien gardé d'adopter la combinaison, repose sur deux erreurs.

La première consiste à avoir cru que *la rencontre d'un équilibre instable par un bateau insubmersible renversé, peut offrir quelque inconvénient,* tandis qu'il est impossible que, même dans une eau parfaitement immobile, le bateau s'arrête au point où il rencontre cet équilibre.

S'il s'arrête, c'est qu'il rencontre un équilibre stable.

La seconde, encore plus grande, c'est que sa combinaison, au lieu de supprimer la rencontre de cet équilibre, *ne provoque qu'un* DÉPLACEMENT DU POINT *où le bateau renversé passe par cet équilibre.*

La combinaison de M. Mouë consiste à placer à l'un des côtés et dans l'intérieur de son bateau un flotteur dont l'autre côté reste dépourvu. De cela, il résulte que ce bateau, quand une force étrangère l'a chaviré et forcé à se placer la quille en haut, ne tend à se retourner que du côté opposé à celui qui est muni du flotteur, ce qui déjà est loin d'être un avantage; mais ici je ne dois pas discuter la valeur de la combinaison brevetée : la tâche que je me suis imposée ne consiste qu'à expliquer l'erreur complète sur les résultats que l'inventeur espérait obtenir : car en démontrant l'existence de cette erreur, j'aurai démontré l'ignorance complète aussi du prôneur toujours et quand même de cette combinaison.

Cette erreur, ce fut la Commission présidée par M. Legrand, ingénieur de la Marine de l'Etat, et dont M. B. Normand, ingénieur du Havre, fut le se-crétaire, Commission dont j'ai déjà parlé, qui la mît en parfaite évidence.

L'appareil au moyen duquel on chavirait les bateaux en sa présence, fut d'abord disposé sur celui de M. Mouë de manière à forcer le côté muni du flotteur latéral à s'abaisser, et le bateau que cet appareil contraignait à faire un demi tour sur son axe longitudinal, compléta spontanément le tour entier qui le ramenait, quille en bas, avant qu'il eut atteint la posi-tion où sa quille se trouve au sommet de la carène renversée. Mais la Commission ne se contenta pas de cette épreuve : elle fit renverser l'appareil employé pour chavirer le bateau, et alors ce fut le côté dépourvu de flotteur qui se trouva contraint à s'abaisser.

Il en résulta ce qui était inévitable, qu'alors que le bateau fut placé sa quille tout en haut, son flotteur latéral unique l'empêcha de continuer le tour à moitié fait ; mais la Commission, au lieu de laisser larguer l'appareil et de permettre au bateau de revenir la quille en bas en se tournant du même côté que dans l'épreuve précédente et comme son flotteur latéral unique l'entraînait à le faire, donna l'ordre de continuer à virer sur l'ap-pareil qui obligeait le bateau à continuer le mouvement de rotation sur son axe longitudinal, dans le sens contraire à celui que le flotteur unique tendait à imposer. Il en résulta ce qui devait encore nécessairement se produire : la continuation du mouvement imposé par l'appareil, amena le flotteur unique à un point où sa force d'immersion cessait de s'opposer à ce mouvement et tendait au contraire à le provoquer et, à ce moment, le bateau se retournait et revenait avec une grande violence quille en bas, *du côté opposé* à celui par lequel il avait opéré ce retour, dans la précédente épreuve. Dans ce dernier cas, la violence avec laquelle le retour quille en bas se faisait était telle que la rupture du mât du bateau en était presque toujours la conséquence, ce qui provoquait les hurrahs et les bravos d'une série de niais qui ne comprenaient même pas que la violence du mouve-ment qui cassait les mâts du bateau exposerait ceux qui seraient à bord à subir des chocs, qui briseraient leurs membres ; ils comprenaient encore bien moins, ces *claqueurs*, que le retour quille en bas, en passant par le côté opposé à celui par lequel le même retour s'était fait dans l'expérience pré-cédente, enlevait au seul brevet valable de leur collègue, toute la valeur qu'il lui avait attribuée.

Mais cette conséquence, le Président et le Secrétaire de la Commission l'appréciaient très bien ; ils comprenaient parfaitement, eux, que tout corps flottant qui, après avoir été contraint par une force étrangère à abandonner la position qu'il tend spontanément à reprendre, peut revenir à cette position en passant soit d'un côté, soit de l'autre, lorsqu'il a été amené par la force étrangère à un point quelconque du tour entier qui le remet dans sa position première, rencontre forcément à ce point l'équilibre que le breveté avait *cru supprimer*.

Il est évident qu'il croyait avoir atteint ce résultat ; car le déplacement du point où cet équilibre se rencontre ne produit que des inconvénients, et ils sont assez graves. Aussi, l'ingénieur Président et le Secrétaire de la Commission eurent-ils grand soin d'insérer ce résultat dans leur rapport, où les blâmes sont tellement prodigués et les éloges si restrictifs, qu'on est presque entraîné à se demander si l'embryon du projet que le Président et le Secrétaire réalisèrent plus tard, en opposition l'un de l'autre, de substituer leurs combinaisons à celles qu'ils avaient accepté la mission d'apprécier, ne germait pas déjà dans leurs esprits.

Quant à l'ingénieur Président, cette réalisation eut un insuccès complet : en 1866, j'ai trouvé relégué dans le bassin d'Arcachon, à plusieurs milles de l'entrée de cette mer intérieure et du point ou il eût dû être placé, s'il eût pu tenir la mer dans les mauvais temps, un énorme bateau, production de M. Legrand ; ce bateau se retournait très bien quand on le chavirait ; mais les nombreux bateliers du bassin affirmaient tous qu'alors même qu'on pourrait employer à bord cinq ou six fois le nombre de rameurs et d'avirons qu'il peut contenir, on ne parviendrait pas à le faire avancer contre le vent et la grosse mer, ni même à le maintenir l'avant à la lame.

Le Secrétaire, lui, a bien réussi : les ateliers de sa famille ont, sur la commande de la Société centrale des Naufragés, construit un grand nombre de bateaux semblables aux deux que la Chambre de Commerce du Havre fit construire aussi dans ces ateliers et dont l'emploi a démontré les défectuosités. Il est vrai que la confection de ces bateaux avait été suspendue pendant assez longtemps, mais depuis douze à quinze mois, elle a été reprise au profit des mêmes ateliers.

Quant au rapport qui semblait annoncer ces projets, l'autorisation de le lire m'avait d'abord été refusée. Le Ministre de la Marine, à qui j'adressai la demande d'être admis à aller en prendre connaissance en indiquant que ce document devait contenir des observations très utiles pour mes études, n'accéda pas à ma demande ; toutefois, son refus contenait l'annonce que des extraits du rapport seraient publiés, ce qui n'eut pas lieu.

Ce ne fut que bien longtemps après que je fus mis en possession d'une copie textuelle de ce rapport. L'exactitude m'en était garantie par la position de la personne à laquelle je fus redevable de cette communication ; je dus cependant souscrire à la condition de ne pas faire connaître par qui elle m'avait été accordée.

Je redigeai de suite une protestation dans laquelle j'ai signalé les erreurs du rapport qui contient jusqu'à des inexactitudes de faits et de calculs, et j'envoyai cette réclamation, que j'avais fait autographier, au Rédacteur du rapport, d'abord, et ensuite au Président et aux autres Membres de la Commission, les prévenant du silence du Secrétaire, à qui j'avais envoyé la même pièce quelque temps auparavant.

Depuis, mes réclamations ont été imprimées et publiées ; mais tout cela n'a provoqué ni aucune réfutation de mes assertions, ni aucune rectification des nombreuses erreurs qui existent dans le rapport.

E. LAHURE père

(Décembre 1875.)

Havre. — Imprimerie J. BRENIER & Cⁱᵉ, rue Beauverger, 2.

www.ingramcontent.com/pod-product-compliance
Ingram Content Group UK Ltd.
Pitfield, Milton Keynes, MK11 3LW, UK
UKHW020148080726
13614UKWH00005B/2462